23.10.80   7.10

Golowin, Nägeli

Sinwel-Verlag, Bern 1980
Druck: Schüler AG Biel
ISBN 3-85911-066-7
Umschlag und Illustrationen
von Ueli Baumgartner

Gedenken durch manches Jahrhundert

Hans Franz Nägeli, Herr zu Bremgarten und zu Münsingen, ist wohl neben Herrn Adrian von Bubenberg eine der bekanntesten Gestalten aus der verklingenden Ritterzeit im Bernbiet und auch dem übrigen Schweizerland.
Rasch und ziemlich unblutig eroberte er an der Spitze seiner Mannen das Waadtland: Noch heute soll er, in gewissen wilden Sturmnächten, an der Spitze der Bernerhelden durch die Winde und Wolken nach den westlichen Welschländern reiten.
Warum man seiner noch heute dankbar gedenkt? Er habe seiner Stadt den günstigen

Zugang zu den allerbesten Weinländern verschafft, sagen die einen Spötter. Als man dann, dank seinen Feldzügen, die treffliche Tranksame in den bernischen Kellerbeizen billig haben konnte, da habe die Dankbarkeit gegenüber dem Helden überhaupt keine Grenzen gekannt.

Niemand sei gewesen, dies bis zu den traurigen letzten Tagen des alten, mit der Waadt verbundenen Bern, der besoffen wurde, ohne voll tiefster Seelendankbarkeit den Ritter zu rühmen.

Noch heute sagt man etwa von guten Feststunden: "Das ging ja zu wie in den Tagen des Hans Franz Nägeli!"

Die Bedeutung des Hans Franz Nägeli

Ohne viel Opfer eroberte Nägeli, wohl einer der berühmtesten Schultheissen der freien Republik Bern, das Waadtland. Dies sei die Ursache gewesen, dass deutsch und welsch "das Glück der Berner" für lange Zeiten fast zum Sprichwort, zu einer stehenden Redewendung machte.
Vielleicht, wurde schon vermutet, ist seine Gestalt so sehr von der Volkssage gerühmt, weil man zu seinen Lebzeiten überzeugt war, bei seinen Siegen gehe es nicht ganz mit rechten Dingen zu: Er könne mehr als Brot essen, er besitze noch die berühmten Zauberbücher - wie sie gewisse Söhne aus alten Rittergeschlechtern von ihren Morgenlandfahrten,

Kreuzzügen und Pilgerreisen aus den geheimnisvollen Reichen der Araber und Tartaren in ihre verschwiegenen Burgen brachten.
"Der Zauberspruch, mit dem er zu wirken verstand", so berichtete man mir noch in der Kindheit, "war die Nachricht von der Unabhängikeit gegenüber mächtigen Herrschern, die er zusammen mit der Berner Fahne nach Westen und Süden brachte. Mag das Volk der Waadt später auch mehr als eine Enttäuschung mit unserer Stadt erlebt haben, so haben doch ganz sicher die welschen Nachbarn Nägeli und seinen Kriegern mehr der Zuneigung entgegengebracht als den damaligen Herrschern von Frankreich und Savoyen."

Des Ritters Reichtum

Was es mit den Schätzen des alten Ritters auf sich habe, die man einst so häufig im Bremgartenwalde oder im Gemäuer der Altstadt auszugraben oder nach Fausts Höllenzwang-Büchern zu heben versuchte, darüber haben viele belesene Gelehrte gerätselt.
"Es sind vielleicht gar nicht Goldmünzen oder Edelsteine gewesen", meinte ein solcher Geschichtenkenner, "es waren dies Urkunden der grossen und stolzen Volksfreiheiten, die der alte Held noch kannte und auch in immer dunklerer Zeit zu schützen versuchte. Das Wissen um solche Rechte - das war ja den Bernern der ersten Jahrhunderte viel teurer denn alle Reichtümer der mächtigsten Herr-

scher des Morgenlandes. "Ein wirklich freier Mann, der kann in seiner fröhlichen Unternehmungslust alles erwerben", pflegten sie schliesslich zu sagen, mit allem Gold von Indien kann man aber noch lange nicht die wahre Freiheit kaufen!"
Lagen also in der vielgeschilderten Truhe des Ritters jene von gerechten Kaisern wohlversiegelten Dokumente aus Zeiten, die das Volk später als so glücklich ansah? Gesiegelte Urkunden, die später eitle Machthaber, zur Beruhigung ihres bösen Gewissens, den zerstörenden Flammen zu übergeben versuchten.
Aber eben, die mutigen Hüter der Stadt, Adrian von Bubenberg etwa oder unser Ritter Nägeli, sie hätten diese Satzungen der goldenen Freiheit gerettet und zuverlässig aufbewahrt.

12 In der Zukunft, da den Menschen ein unabhängiges und lustiges Dasein wieder wichtiger sein werde als jeder Geldbetrag, werde man sie auffinden.

Gschämiges Misstrauen

Gerade in den Tagen des Adrian von Bubenberg und des Nägeli stieg die Stadt Bern auf den Gipfel ihrer im ganzen Abendland viel bewunderten Grossmacht. Kaufleute wurden masslos reich, und viele der Burger aus dem Kreis ihrer Mauern konnten von den ausländischen Herrschern mit wohlklingenden Titeln und entsprechenden Ehren überschüttet werden.
Dass ein Berner von einigem Rang und Namen seine Aemter, die ihm das Volk anvertraute, nicht dazu gebrauchte, all seine Kellergewölbe mit Münzen aus aller Welt zu füllen, dies konnten sich gewisse Mannen gar nicht mehr vorstellen. Also staunte man, als da nach

dem Tode des Ritters Nägeli behauptet wurde, der kühne Held habe bei seinen Lebzeiten gar nicht so viel im Geheimen gehäuft, seinen Erben hinterlassen, als man es von einem so gerühmten Eroberer der reichen Waadt erwartete.

"Wahrscheinlich", dies erzählte mir noch ein alter Bibliothekar und Archivar der Stadt, "kam auf diese Weise bei Leuten, die nichts von der alten Gewissenhaftigkeit beim Werk für die ganze Gemeinde verstanden, der lächerliche Aberglaube auf, die Geschichte, der grosse Berner habe mit viel List sein zusammengerafftes Riesenvermögen verborgen."

Die Berner Schatzgräber

Im Bremgartenwald, östlich und nicht sehr weit vom Glasbrunnen, vernimmt man in bestimmten Nächten wüstes Holeien und den Laut verwegener Lieder. Hier soll der kühne Ritter Nägeli sein Schlösslein besessen haben. Hier kehrt er noch immer mit seinen rauhen Gesellen ein, wohl durstig nach rasender Jagd durch die Lüfte! Hier erfrischt sich dann die ganze wilde Gesellschaft an den tief im Boden wohlgelagerten alten Weinvorräten...

Nach diesem Labsal hat schon mancher Berner mit Wünschelruten und Spaten gesucht, und es ist also zu vermerken, dass es den alten Schatzgräbern oft um erfreulichere Dinge ging als um Taler, Dublonen oder Dukaten!

Das Unglück des Antiquars

Einer, ein Verkäufer vergilbter, gebrauchter Bücher, soll recht häufig dem Gerede über Ritter Nägelis wohlverborgene Reichtümer nachgesonnen haben. Manchen verstaubten Band durchblätterte er, den Weg zu diesem Gold zu finden, und versuchte es auch mit allerlei Zaubergeräten, mit Pendel und Bergkristall-Kugel.

In einer Nacht hatte er einen seltsamen Traum. Der Erdboden öffnete sich vor ihm, und aus der Gruft erschien der längst verstorbene Berner Held. Mit schweren, wuchtigen Schritten trat er an des Buchhändlers Bett und berichtete ihm mit hallender Stimme haargenau vom Ort des vielgesuchten Schatzes.

Voll Freuden erwachte der gute Mann. Mit einem Sprung war er auf beiden Beinen und eilte zu seinem Weibe, ihm von seiner wunderbaren Begegnung Bericht zu erstatten.
Kaum war er aber mit seinem Erzählen bei der Stelle, wie da Nägeli seinen Mund öffnete und vom geheimnisvollen Versteck zu kündigen begann – schon merkte er zu seinem Entsetzen, dass er den wichtigen Rest der Geschichte auf einmal vollkommen vergessen hatte!
Traurig hockte von nun an der Händler hinter seinen Bücherstössen, und der Schatz des alten Berner Ritters – der ist noch bis zu unserer Stunde ungehoben.
Recht hatten wohl die alten listigen Goldsucher, die einmal lehrten, dass es in ihrer Zunft noch nie ein Geschwätziger zu Glück

und Ansehen brachte... Wer eine Gelegenheit, die ihm die Geister vor die Nase hinlegen, nicht zu packen versteht, der darf dann bis zu seinem Ableben Trübsal blasen.

Wache für das Gemeinwohl

Nach viel mehr Geld, als es ihm eigentlich nach dem Beschluss seines Schicksals zustand, ging das gierige Begehren eines Mannes. So gross war sein Verlangen, dass er darob nach und nach alle andern Gefühle, selbst das der jedem Sterblichen angeborenen Angst gegenüber dem Nachtvolk, völlig verlor.
Ohne noch von etwas anderem zu wissen als von seiner verderbten Sehnsucht nach gutem harten Bernergelde, eilte der Kerl einmal in unheimlicher Mitternachtsstunde in die Fricktreppe, wo sich, wie man wohl weiss, in schwerer Rüstung der Ritter Nägeli zu zeigen pflegt.

"He, Ritter Nägeli, du berühmter Eroberer der Waadt", brüllte der Mann, "zeig dich doch, du alter Kinderschreck!

Die Schulmeister, die preisen dich noch immer als grossen Helden! Dabei weiss es doch beim Eid jedermann, dass du viel des Burgerguts unterschlagen und unterm Steine verborgen hast. Darum findest du ja auch bis zur Stunde keinen Frieden im Grabe und musst umgehen und dein unehrlich erworbenes Gold hüten.

Gib mir etwas von deinem Geld, Ritter Nägeli, dann ist dein schwarzes Gewissen ein wenig entlastet, und du findest mit der Zeit vielleicht doch noch die Erlösung.

Mach schnell, Ritter Nägeli, zeig mir deinen Schatz, auf dem du wie ein grimmiger Drache hockst, schnell, bevor die Geisterstunde zu Ende ist!"

"Dir geschehe, wie du es wünschest!" Eine dumpfe Stimme rollte durch die finstere Fricktreppe.
Langsam schob sich ein Mauerstein auf die Seite.
Was sich da zeigte, ist in Worten kaum zu beschreiben. Ein Geschöpf zeigte sein Haupt aus dem grünlich schimmernden Loche und blinzelte verschlafen mit seinen vielen hässlichen Augen: Aus den widerlichsten Teilen der Kröten, Spinnen und Schlangenwürmer schien das Scheusal, der Basilisk gefügt.
Ehe das Ungetüm noch ganz erwachte, schloss sich bereits das Steintürchen wieder. Aber selbst der ganz kurze Augenblick, der war für den gierigen Mann zuviel gewesen. Ohnmächtig sank er auf die Stufen: schneeweisses Haar besass er am andern Morgen. Sein

Sinn blieb verwirrt, und bald ereilte ihn der Tod.

Nur stammelnd und stückweise erzählte er die Geschichte, die ihm in der bösen Nacht widerfahren. Seither wissen es die Leute: nicht zur Strafe für unrechten Gewinn muss der alte Ritter Nägeli noch immer in einer versteckten Kammer im Gemäuer seiner Heimatstadt hausen.

Freiwillig hat der mutige Bernerheld auf die Wonne der Seligkeit verzichtet, um das Ungetüm schrecklicher Seuchen zu hüten, das gute und weise Männer durch vergessene Zaubersprüche in der winzigen Höhle an der Fricktreppe einschlossen.

Käme das Giftgeschöpf frei - wieder würde dann wie in längst vergessenen schwarzen Tagen schreckliche Pestilenz die Strassen unserer Stadt durchmorden und dabei weder der schönen Mädchen noch der unschuldigen Säuglinge schonen: Wenn einer nicht ein solcher unerschrockener Recke ist und es so gut meint, wie der Ritter Nägeli, der vermag das Bild jenes Götzen aller Scheusslichkeiten keinen Augenblick zu ertragen.

Das Töchterlein des Nägeli

Am Glasbrunnen im Bremgartenwald, der wie bekannt zu dem berühmten Schlösslein des hochedlen Ritters Nägeli gehört haben soll, sahen noch in unserem Jahrhundert zuverlässige Zeugen die schöne Tochter des weltberühmten Edelmannes. In langen, wie Silber im Mondschein schimmernden Gewändern wäscht dann die Jungfrau drei vornehme Becher. Ob nun diese aus durchscheinendem Kristallglas, schier wie aus geschliffenem Diamant, sind oder auch aus Edelmetall und mit dem Ritterwappen geschmückt, darüber streiten sich selbstverständlich die Zeugen.
Was es mit den drei Trinkgefässen aus Zeiten, da die Geheimnisse der grossen mittelal-

terlichen Geschlechter nach und nach verloren gingen, auf sich hat, weiss man im Berner Volk nicht mehr so genau. Es ist noch immer allgemein bekannt, dass die stolze Frau während ihren Lebenstagen nacheinander drei der damals wichtigsten Männer aus den Stadtfamilien zu ihren Gatten hatte und von ihnen Nachkommen besass, die man noch vor ihrem Tode kaum zu zählen vermochte.
Nur Erzähler von bösem Klatsch, die es freilich unter den geschichtenkundigen Süffeln in den Berner Wirtschaften leider gibt, wagen von der Tochter des Ritters üble Dinge zu behaupten: Sie sei eine grosse Wissende von allerlei Kräutergiften gewesen und habe die Erdendauer von Mannen, wenn sie nicht ganz nach dem Herzen waren, ein wenig nach Lust und Laune zu kürzen vermocht... Wäre

sie nicht die Tochter eines berühmten und mächtigen Mannes gewesen, sie hätte wohl als Hexe im schwarzen Kerkerloch des Blutturms geendet.
Solche Geschichten mögen vielleicht aus den bösen Jahrhunderten seit dem ausgehenden Mittelalter stammen, da man im deutschen Bernbiet und gerade auch in der wälschen Waadt jedes kluge Weib zu verdächtigen begann: All ihr uraltes Wissen um die Kräfte der Gewächse in Feld und Wald galt nun als aus der Fremde eingeschleppte Zigeunerkunst und höllisches Teufelswerk der Heidenwelt.
Wahrscheinlich sind die Geschichten aber älter, die behaupten, die Nägeli-Tochter habe ihren Männern jenen Gewürzwein zu bereiten gewusst, der ihre Liebe zu unersättlichen Flammen entfachte und ihnen manche Stunde

von jenem grossen Glück bereitete, die ihnen sogar unser irdisches Jammertal als Paradies vor dem Sündenfall erscheinen liess.

Das Glück vom Glasbrunnen

Als der Bremgartenwald, wie ich es noch als Kind und junger Mann erleben durfte, noch nicht ganz von den Autobahnen zerrissen war, da war der Glasbrunnen, der Nägeli-Brunnen, das beliebte Ausflugziel der Liebenden.
Der Volksglaube, sicher geerbt aus alter Zeit, behauptete, Schwüre der Treue, hier im silbrigen Mond- und Sternen-Licht gehalten, seien besonders zuverlässig. Auch sollte einst, nach Ueberzeugung von schönen Mädchen, manche Herzensnot gelindert worden sein, wenn man sie in der nächtlichen Einsamkeit des Waldes bcim Glasbrunnen in den Klang des plätschernden Wassers heineinbrümmelte.

Ja – noch in unserem Jahrhundert sollen Frauen, die vergeblich auf das Glück der Schwangerschaft warteten oder vor den Leiden der Niederkunft Furcht empfanden, zum Brunnen gegangen sein, hier von dem angeblich einst so reinen und heilsamen Wasser zu trinken.
"Das geht alles auf die Tochter des Ritters Nägeli zurück, von der die Berner bis heute noch niemals vergassen", dies versicherte mir ein weiterfahrender Mann: "Weil sie während ihrem Dasein stets bei seelischen und leiblichen Nöten der Frauen gute Wissenschaft wusste, verband man später alle wunderbaren Wirkungen mit ihrem Lieblingsbrunnen."

Noch etwas vom Brunnen

Der liebe Gott soll in seiner Weisheit die Seelen aller alten, heutigen und künftigen Berner im Wasser tief unter dem Glasbrunnen im Bremgartenwald eingeschlossen haben – in genügender Zahl selbstverständlich, damit es bis ans Ende der Zeiten reiche und damit von diesem Vorrat von der klugen Hebamme je nach Bedarf geholt werden könne.

Dass aber die Berner, wenn sie zu der ihnen gesetzten Stunde endlich das Licht der Welt erblicken, vom Wasser meist gründlich genug haben und es unter allen Getränken am wenigsten zu schätzen wissen, ist durch ihren nassen Aufenthalt vor der Geburt recht erklärlich: Alles haben sie früher getan, um im Kreise ihrer Stadt Reben anzupflanzen und, ihren Ritter Nägeli zuvorderst, die Weinländer der Waadt zu erobern.

So vor ungefähr hundert Jahren, es können auch dreissig weniger oder auch hundert mehr sein, lebte an der Stadt Rande ein recht armer Kostgänger Gottes, durch dessen Hudeln die gute Sonne wohl an mehr als einer Stelle die Haut zu bescheinen vermochte. Arm war er wie eine Kirchenmaus, nicht zuletzt mit Mäusefangen musste er übrigens sein kärgliches Brot verdienen. Auch den Schlangen stellte er gelegentlich nach; aus denen glaubten in früheren Tagen die Herren Apotheker gar nützliche, das Leben der gnädigen Herren verlängernde Tränklein und Salben bereiten zu können. Ueber die Heilkraft solcher Mixturen wollen wir uns hier nicht

weiter auslassen - gezahlt wurde dafür auf alle Fälle nicht gar so übel.
Freilich, da liegt der ganze Haken, selbstverständlich nur den Herren Apothekern, die dann dafür zusätzlich noch wegen ihrer Gelehrsamkeit und der Kenntnis geheimer Rezeptkünste genug der Ehren erhielten. Unser armer Mann, der doch mit genug der Mühen die notwendigen Würmer erjagen musste, der kriegte nur ein paar der geringsten Münzen, die man ihm mit verachtendem Nasenrümpfen hinwarf...
Karg war also das Leben des armen Teufels sogar im Sommer - von den strengen Wintern, da wollen wir lieber nur kurz reden. Der kalte Wind, der blies nur so in die Ritzen des Hüttleins und durchdrang den Lumpenhaufen, der des Mannes Lagerstatt bildete. Wä-

ren nicht der Reisig, die dürren Aeste und Rindenstücke gewesen, die er sich in tagelanger Arbeit im Bremgartenwald einsammelte – schon die ersten Herbstfröste wären jedes Jahr zu seinen Totengräbern geworden.
Bei solcher Vorsorge für den grimmigen Winter ist nun dem Mannli ein gar merkwürdiges Erlebnis zugestossen, das zu vergessen ebenfalls recht schade wäre. Heute, da führt, wie schon berichtet, die breite Wagenstrasse recht nahe am Glasbrunnen vorbei, da lärmt und kracht es zu jeder Stunde, oft glaubt man, sich in einem Garten in der Stadtmitte zu befinden. Recht nützlich ist es, sich darum zu erinnern, was für wunderbare Mären sich in alten Tagen im stillen Walde, beim einsamen Brunnen, zu ereignen vermochten.

Spät war es. Neben seinem Reisigbündel hatte sich der arme Mann niedergesetzt, seine schwachen Kräfte ein wenig zu sammeln. Dann legte er sich nieder – so ein, zwei Stündchen seines unglücklichen Daseins zu verschlafen, schien ihm in seiner Lage stets ein recht guter Gedanke zu sein. Freilich plätscherte ganz in der Nähe das klare Wasser des Glasbrunnens, kein Schlummerlied vermöchte wohl einen freundlicheren Klang zu besitzen. Also sank unser Mannli nach und nach tief in das schöne und weite Land der Träume, wo auch auf den Aermsten der Armen froher Tanz und wohlgedeckte Tische warten.. Erst spät in der Nacht erwachte der Reisigsammler. Hell schien der Mond. Wie eine Wand dunkler Riesenkrieger umstanden die Waldbäume den Brunnen. Anders als sonst

rauschte dessen Wasser. Lauter und lauter, irgendwie drohender: Es schien fast, als höre man aus ihnen Worte einer unverständlich-fremden Sprache voll von einer versteckten Bedeutung.
Jetzt sah es der Mann deutlich - eine lange, hagere Gestalt erhob sich hinter dem Trog, in welchem das Wasser immer gespenstischer gurgelte. Wie faulendes, morsches Holz schimmerte das Geschöpf, an dessen deutlich erkennbarem Hals kein Haupt sass.
Mit seinen Krallenfingern angelte sich nun das Ungeheuer nach umständlichem Fischen den ihm fehlenden Kopf aus dem Brunnen und hob ihn an einem schütteren grauen Bärtlein in die Höhe. Wild, grausam rollten die blutunterlaufenen Augen im schrecklichen Schädel, die bläuliche Zunge hing aufgequollen

weit zwischen dem Gebiss hervor, dessen ge-
rötete Eckzähne an reissende Raubtiere erin-
nerten.
Doch auf einmal war der Spuk verweht.
Eine liebliche Landschaft erstand in einem
Augenblick vor dem armen Manne, in dessen
Mitte ein Schloss aus Edelsteinglas gleich
einer Sonne erglänzte.
Eine schöne Frau stand nun vor dem Berner,
forderte ihn auf, sich dieses Wunder des
Bremgartenwaldes genau anzuschauen.
"Behalte dir alles gut im Gedächtnis!" er-
mahnte sie, "solche geheime Schatzorte hat
der liebe Gott viele auf Erden gelassen, damit hie und da ein auserwählter Mensch
etwas davon merkt und dann genau weiss,
dass die vielen Sagen von der Goldenen Zeit
keine Lügen sind. Einmal, vor langer, lan-

ger Zeit bestand sie auf Erden und einmal wird sie zu aller Segen und Glück wiederkommen!

Sage mir aber auch eins, guter Mann! Wie hast du die schwere Probe bestanden, dich damit des Anblicks des wahren Bilds vom Glasbrunnen würdig zu erweisen? Viele Sterbliche sind ob dem Erscheinen des schrecklichen Wächters in Ohnmacht gesunken und haben auch nach vielen Jahren ihre Verstandeskräfte nicht wiedergefunden!"

"Wer da in Bern zu hausen hat", meinte darauf der arme Mann, "nicht viel Geld sein eigen nennt und dafür sein Leben lang von allerlei grimmen Herren und ihren Dienern angeschnauzt und angebrüllt wird – dem kann kaum noch ein Waldschrecken hässlich und grässlich genug sein, ihn in Aengste zu versetzen! Der Umgang mit ihm ist einem schon fast etwas wie eine gemütliche Erholung."

Mit Nägeli reiten

An der Junkerngasse wohnte ein Edelmann, der von der stolzen und schönen Republik Venedig her seine Herzliebste erwartete. Lange und beschwerlich war damals der Weg mit Kutsche und Ross. Holprig die Strasse, unsicher die Uebergänge.
Unruhe, schwere Sorge mischte sich deswegen in die Sehnsucht unseres Junkers, als er so vor dem Einschlafen an die ferne Frau dachte. Bald sank er darum in seltsame Träume.
Wild rüttelte der Sturm an den Fensterläden. Immer deutlicher vernahm man das Klappern, das Poltern zahlloser Hufe. Schatten um Schatten jagte vorbei...

> "Tüet d'Fänschter zue,
> Tüet d'Türe zue,
> Dr Ritter Nägeli,
> Dä findt kei Rueh!"

Wie von geheimem Willen getrieben, wohl gleich dem Nachtwandler, der den Strahlen des Mondes gehorcht, stand der Edelmann auf, zog sich an und trat vor sein Haus.

Ein riesiges schwarzes Ross stand gesattelt vor der Türe, scharrte unruhig auf hartem Pflasterstein und beugte vor dem Berner, wie als Zeichen von Gehorsam, das stolze Haupt. Leicht wie im Traume schwang sich der Mann in den Sattel.

Ein Ritt begann, wie man ihn ähnlich nur aus Lied und Märe vernommen. Hütten, Häuser, Kirchen, Burgen, Schlösser, Sträucher und Bäume des Bernbiets, die flogen nur so

vorbei. Ueber Stock und Stein, wo sich jedes gewöhnliche Ross nach Augenblicken Bein und Hals gebrochen, raste das Gespenstertier, Zaun und Bäche nahm es mit mühelosem Sprunge.
Landschaften tauchten auf, wie sie der Reiter noch nie gesehen. Felswände und düstere Abgründe, Täler, durch die wilde Wasser schäumten, Schluchten und dunkle Höhlengänge: In schwindelerregendsten Höhen klebten die Hütten jener Menschen, die fern von dem Treiben der lauten Welt ihren Weg zu Gott suchen, der Hirten, Jäger – und noch näher dem Himmel, die Behausungen der frommen Einsiedler und der todesmutigen Schwarzkünstler.
Wie ein Pfeil flog das Ross aus Nägelis Heer, tausend Abkürzungen kennend: Stunden ging

der rasche Ritt, auf einmal, da verlangsamte das schwarze Tier die Schnelligkeit. Seine Hufe, die bisher kaum den Boden berührt hatten, klapperten auf den Steinen eines einigermassen richtigen Wegs.
Noch eine Biegung! Jetzt hielt ruckweise das Tier, bäumte sich wiehernd.
Eine umgestürzte Kutsche lag im Strassenschmutz. Man hörte das Knirschen von Stahl; Degen und Messer blinkten auf, wurden mit Wut gegeneinander geschlagen, stiessen zu und wehrten ab. Mehrere dunkle Gestalten wälzten sich im verzweifelten Ringen am Boden. Ein Schuss krachte und leuchtete auf. Eine Frau schrie gellend um Hilfe.
Der Junker verlor den Halt. Es war ihm, als stürzte er durch bodenlose Tiefen. Immer weiter und weiter, tiefer und tiefer. Und auf

einmal, da lag er in seinem Bett, in seinem
Haus an der Berner Junkerngasse.
Nach vielen Tagen kam die erwartete Frau
an. Abenteuerliche Geschichten wusste sie zu
berichten!
Um nicht auf dem Wege belästigt zu werden,
habe sie eine Kutsche genommen, die wichtige
Post zu befördern hatte und mit der aus diesem Grunde ein Offizier mit einigen Soldaten
mitfuhr.
Da sei sie aber schön aus dem möglichen Regen in eine wirkliche Traufe gekommen – in
irgendwelche trübe Ränkespiele, an denen
das schöne Land Italia nun einmal so reich
sei. Gemietete Briganten überfielen, irgendwelche Dokumente für ihren Arbeitgeber zu
entführen, in enger Passstrasse das Gefährt.
Rechtzeitig habe der Offizier den Hinterhalt

gemerkt und den Befehl zum Anhalten und Kämpfen gegeben – doch sei er bald von einer Kugel niedergestreckt worden. Schon seien die paar Soldaten daran gewesen, den Widerstand aufzugeben, Hals über Kopf das Heil in der Flucht zu suchen und Kutsche samt Post und menschlichem Inhalt den Räubern zu überlassen, da sei auf einmal wildes Hufegeklapper erschollen. Ein Mann auf schwarzem Rosse sei herangebraust, man hätte wahrhaft glauben können, es sei der Leibhaftige, der zum Hexentreffen zu spät komme! Und aus der Ferne, da sei das Lärmen weiterer Reiter zu hören gewesen.
Nun, als die Banditen merkten, dass Verstärkung im Nahen war, da kam ihnen das Spiel doch etwas gewagt vor. Verraten schien ihnen ihr schöner Plan, und sie selber in

einer tückischen Falle. Schliesslich, ein paar
Leute umzubringen, waren sie gegen entsprechende Entschädigung jederzeit bereit - dabei
ihre eigene Haut zu verlieren, das schien
ihnen denn doch ein nicht ganz richtiger Handel. Ihr Führer pfiff schrill: In einem Augenblick liessen sie von den Soldaten ab und
verschwanden in der Dunkelheit der Büsche.
Schon dämmerte der Morgen - vom wilden
Reiter und den andern Rettern war aber weit
und breit nichts mehr zu erblicken...So erzählte dem Junker seine Liebste.
Man kann nicht behaupten, dass diesen die
Geschichte, so wunderbar sie auch tönte, in
besonderes Erstaunen versetzte. Etwas ähnliches zu vernehmen, hatte er schon seit Tagen
erwartet.

So lebendig war Geschehen und Gesicht jener Nacht, dass er keinen Augenblick glaubte, dass alles ganz und gar Traum und Schaum sei: Erst recht nicht, weil er nach seinem Aufstehen ein an seinem Siegelringe hängengebliebenes schwarzes Mähnenhaar fand. Dankbar lauschte er, auch wenn sie sich keinen Reim auf all die Erlebnisse zusammenfügen konnten, zusammen mit seiner Liebsten in wilde Nächte hinaus:
> "Der Ritter Nägeli
> U sys Gesind
> Die ryte wohl schnäller
> Als Wätter, als Wind!"

Nägelis ewige Bruderschaft

Vom Nägeli-Schlösslein im Bremer, zumindest vom bewaldeten Ort, wo es gestanden sein soll, da tönt, rauscht, musigget und jauchzet es noch immer, wie von übermütigem Festgetöse.
Wie bei den andern Orten der einstigen bevölkerten Sitze, von denen oft kein behauener Stein auf dem andern geblieben ist, streiten sich bekanntlich wegen dem Ursprung von solchen Geräuschen die Sagenkenner.
"Die alten Berner Ritter in grauen Zeiten", sagen die einen griesgrämig, "die haben zu übermütig gehaust und ihr Dasein zu wenig ernst genommen. Zur Strafe müssen sie darum bis zum Jüngsten Tage unsichtbar auf dem

sündigen Erdboden bleiben und in Höllenqualen ihr einstiges, der Frevel volles Spiel weitertreiben, das sie einst im Kreis ihrer sangeskundigen Gaukler und losen Weibsbilder bis zu ihrem letzten Atemzug trotzig betrieben."

"Die einstigen Berner haben glücklich gelebt, weil sie stets nach bestem Wissen und Gewissen die Gebote Gottes zu befolgen versuchten und auf Erden gut taten", das erzählen die andern. "Die Menschen, die dazu die Gabe besitzen, sichtig sind, können darum noch heute eine Ahnung davon erhalten und dies als Mahnung zu einem besseren Dasein jedermann weiterberichten."

Der Berner Ahnen

Wiederum mischte sich ganz offensichtlich in das grosse Vertrauen, das namentlich die Einwohner weiblichen Geschlechts zu ihrem Glasbrunnen im Bremer besassen, die Geschichten um die zahlreichen Nachkommen der Tochter des Herrn Nägeli.
Ein Mann, der sich aus Leidenschaft und Broterwerb mit den alten Wappen und Stammbäumen der Stadtgeschlechter beschäftigte, meinte einmal: "Man erzählte so viel von den Kindern und Enkelkindern der sprichwörtlich fruchtbaren Rittertochter, dass es zeitweise wohl keinen Berner gab, der nicht irgendwie von diesen ehrlich oder über Winkel abzustammen glaubte.

Man verband darum mit der Nägeli-Sippe so viel Vertrauen, glaubte geradezu ihren Rat in Liebes- und Familiendingen zu benötigen, erblickte sie in Träumen und Gesichten - weil man sie fast wie die allgemeinen Ahnen ansah."

Als Nachwort:
Hans Franz Nägeli und seine Berner

Die grösste bernische Zeitung veröffentlichte 1980 auf 13 Seiten eine ausführliche Untersuchung über den Magieglauben der modernen Berner: Selbstverständlich wurden von ihr auch die noch immer so verbreiteten Geschichten über Ritter Nägeli und seine schöne Tochter ausführlich erwähnt!
Die Zeitung beauftragte bei dieser Gelegenheit das Meinungsforschungs-Institut Scope "mit einer repräsentativen Umfrage". Wir besitzen nun aus diesem Grunde einige wichtige Hinweise auf die Zahl der Berner, die noch (oder wieder?) an den wahren Kern unserer Sagen glauben: "Von den Befragten sind 10 Prozent davon überzeugt, dass über-

sinnliche Wahrnehmungen, wie Telepathie, Poltergeister, Erscheinungen von Verstorbenen usw. vorkommen. 22 Prozent räumen eine Möglichkeit ein, dass solche Ereignisse eintreffen. 9 Prozent sind unsicher." 1

Erstaunlich hoch scheint mir daneben ebenfalls die Anzahl der Berner, die an diese "Erscheinungen" nicht nur glauben, sondern für ihre entsprechende Ueberzeugung sogar "Tatsachen" aus ihrem eigenen Umkreis anzuführen wissen: "Daneben geben 6 Prozent an, dass sie bereits persönlich übersinnliche Wahrnehmungen erlebt haben. Bei 7 Prozent wurden Angehörige aus der Familie betroffen. Bei weiteren 6 Prozent erlebte jemand aus dem Bekannntenkreis übersinnliche Wahrnehmungen." 1

Für einen bedeutenden Teil unserer bernischen Zeitgenossen, der Bewohner der alten Stadt wie auch des ganzen Kantons, sind nach solchen Umfragen ihre Sagen keineswegs die Angelegenheiten irgendwelcher romantischen Bücher: Sie entstehen aus den fest geglaubten Erlebnissen der Gegenwart dauernd neu.

Ritter und Volk

Es gibt Sagengestalten. Es gibt Menschen der Vergangenheit, über die wir durch erhaltene Urkunden sehr gut im Bilde sind.

Die Stadt Bern kennt erfreulicherweise in ihrer reichen Kultur-Erbschaft Menschen, die dank Chroniken und Geschichtsbüchern bezeugt sind, mit denen sich aber immer noch die lebendige Volkssage beschäftigt.

Auch in ganz neuen und ernsthaften Veröffentlichungen lesen wir darum etwa: "Der berühmte Ritter Hans Franz Nägeli (1496-1579), der in seinem Sässhaus an der Gerechtigkeitsgasse 60 starb, spielt im Aberglauben des Bernervolkes immer wieder eine Rolle. So soll er von Zeit zu Zeit mit wilden, johlenden

Reitern von Bremgarten oder von seinem Jagd-
schlösschen Bühlikofen her durch den Bremgartenwald galoppieren. Anderen ist er des
Nachts auf der finsteren Fricktreppe begeg-
net." 2

Schon aus diesen wenigen Zeilen erkennen
wir einen sehr wichtigen Grund für die unbe-
streitbare Tatsache, dass um den Ritter Nägeli ein so bunter und erstaunlich zäh nach-
wirkender Kreis von Sagen und "Aberglauben"
entstand: Er lebte in einer eigenartigen
Uebergangszeit, als Bern dank dem Zeitalter
des 1479 verstorbenen Adrian von Bubenberg
und der Zerstörung von Karls des Kühnen
Westreich einer erstaunlichen Machtentfaltung
entgegen ging. 3

Das eigentliche Mittelalter ging zu Ende – durch Renaissance und Reformation dämmerten bereits die Ideen unserer Neuzeit: In den Sagen über ihren beliebten Schultheissen Nägeli sammelten wohl die Berner nochmals ihre Gesamtheit der Erinnerungen an die ganze Ritterzeit, deren tiefe Verankerung in der einheimischen Volkskultur, deren mystische Grundhaltung, deren naturverbundene Frömmigkeit, deren ekstatische Festfreude.

Die grosse Sippe

Die "Tochter des Ritters Nägeli", die noch immer beim Glasbrunnen erscheinen soll, ist wohl die aus der Geschichte berühmte Magdalena (1550-1628).

Ihr Vater Hans Franz hatte eine jahrelange Feindschaft mit einem andern berühmten Berner Politiker, dem Schultheissen Johann Steiger, dem Freiherrn von Roll (1519-1581). Der Streit endete recht romantisch mit einer Liebesheirat zwischen den Vertretern der verfeindeten grossen Sippen: Der Herr von Steiger bekam zum guten Ende die Rittertochter.

Nägeli lud bei dieser Gelegenheit zu einem sagenhaften Fest ein, bei dem "die ganze Burgerschaft" auf der Munsterterrasse bewirtet wurde.

Als der Herr von Steiger, nach dem er von Magdalena 6 Kinder erhalten hatte, starb, war sie anschliessend die Gemahlin des Schultheissen Johann von Wattenwyl (1541-1604) - mit dem zusammen sie 10 Kinder bekam. Als sie darauf nochmals Witwe wurde, heiratete sie einen dritten Schultheissen, den Herrn Manuel (1560-1637): Als Urgrossmutter durfte sie sich an 97 Kindern, Enkeln und Urenkeln freuen!

Margareth, eine andere Tochter des Ritters Hans Franz Nägeli (er hatte übrigens im ganzen 19 Kinder), gebar ihrem Eheliebsten, dem Schultheissen Beat Ludwig von Mülinen, 22 Kinder:

Die ganze Familie wird darum von alten Sagenkennern sehr gern als Beweis angeführt, "dass die alten Berner eine grosse Familie

waren, wo jeder mit jedem auf mannigfaltige
Art blutsverwandt und verschwägert war."
Wohl weil die Nägeli-Sippe aus diesem Grunde
für so vorbildlich galt, gilt "das Wasser des
Glasbrunnens, der zum Nägeli-Schloss gehörte" bis in die Gegenwart als heilsam und
glückbringend: Vor allem bei Angelegenheiten
der Liebe, Zeugungskraft, Fruchtbarkeit,
leichten Geburt.

Die weise Frau

Die bedeutende bernische Sagensammlerin Hedwig Correvon, die ich noch erleben durfte, bezeugt aus dem Volksmund über die Tochter des Ritters: Wir haben dank ihr ein sehr wichtiges Zeugnis über die Rollenverteilung von Mann und Frau in unserer grossen Vergangenheit.

"Vater Nägeli, sagen die Leute, hat nicht immer Zeit für jedermann. Man trifft ihn nicht immer an, weil er noch heute(!) hier und da nach der Waadt geht. Da versucht man eben, bei seiner Tochter Rat und Hilfe zu finden. Das Fräulein ist ja so gut und hat die armen Leute so lieb! Gewiss trägt sie ihrem Vater die Leiden und Sorgen vor, die die

Frauen dem Ritter nicht selber zu sagen sich
getrauen." 4

So sei es noch bis in die Gegenwart geblieben: "Um die Weihnachtszeit" gehen die bekümmerten Frauen gerne zum Glasbrunnen und klagen dem Fräulein Nägeli ihr Leid." 4

Hier lebt noch im Volksmund die Erinnerung an die Gegebenheit einer urtümlichen Kultur, wie sie aus den meisten so einseitigen Geschichtsbüchern des 19. Jahrhunderts (und damit aus dem Bewusstsein der Gebildeten!) fast vollkommen verdrängt wurde: Es ist das Wissen um die einst hohe gesellschaftliche Stellung der "weisen" Frau und den Wert ihres Rats.

Es ist darum sehr bezeichnend, dass in zahllosen alten Geschichten "der Glasbrunnen im Bremer" als der wichtigste Treffpunkt der alten Berner geschildert wird: Wir können annehmen, dass sie alle, wenn sie in "ihren" (heute durch eine rücksichtslose Bauerei der Autobahnen zerstörten!) Wald gingen – immer an das kluge Fräulein Nägeli und deren ganze riesige Sippe dachten.

Belege:

1. Okkultismus, Separatdruck aus der Berner-Zeitung, Bern 1980, 13.

2. W. Maync, Bernische Wohnschlösser, Bern 1979, 26.

3. Vgl. S. Golowin, Adrian von Bubenberg.., Bern 1976; Golowin, Frei sein – wie die Väter waren, Bern 1979.

4. H. Correvon, in: Der Schweizer Bauer... für 1937, Bern 1936. Ueber Nägeli schrieb H. Correvon u.a. auch in der Zeitung Der Bund, Nr. 33, Bern 1936. Vlg. dazu: Golowin, Berns Stadtgespenster, Bern 1965; F.A. Volmar, Berner Spuk..., Bern 1969, 76 ff.

Weitere Bücher von Sergius Golowin

Golowin, Ein Büchlein für die Katze, Entdeckungsfahrten in Traumländer — nicht nur für Katzennarren. Illustriert von von Ueli Baumgartner

Zwei beliebte Mitbringsel:

Klaus Lieber/Heidi Hofer
Das Büchlein vom Knoblauch
Raritäten und Rezepte
für Unerschrockene.
78 S., kt.

Klaus Lieber/Heidi Hofer
Das Kartoffel-Büchlein
Histörchen und Rezepte
vom Ackerapfel bis zur
Zwiebelrösti.
72 S., kt.